www.ingramcontent.com/pod-product-compliance
Lightning Source LLC
LaVergne TN
LVHW010610070526
838199LV00063BA/5135
* 9 7 8 9 3 5 8 7 2 2 8 0 2 *

مرزا شوق: حیات اور کارنامے

(مثنوی زہر عشق: اس کا جائزہ)

سید مجاور حسین رضوی

© Syed Mujawir Husain Rizvi

Mirza Shauq : Hayat aur Kaarnaame

by: Syed Mujawir Husain Rizvi

Edition: May '2024

Publisher :

Taemeer Publications LLC (Michigan, USA / Hyderabad, India)

ISBN 978-93-5872-280-2

9 789358 722802

مصنف یا ناشر کی پیشگی اجازت کے بغیر اس کتاب کا کوئی بھی حصہ کسی بھی شکل میں بشمول ویب سائٹ پر اَپ لوڈنگ کے لیے استعمال نہ کیا جائے۔ نیز اس کتاب پر کسی بھی قسم کے تنازع کو نمٹانے کا اختیار صرف حیدرآباد (تلنگانہ) کی عدلیہ کو ہوگا۔

© سید مجاور حسین رضوی

کتاب	:	**مرزا شوق : حیات اور کارنامے**
مصنف	:	**سید مجاور حسین رضوی**
ترتیب و تدوین	:	اعجاز عبید
صنف	:	تحقیق و تنقید
ناشر	:	تعمیر پبلی کیشنز (حیدرآباد، انڈیا)
سالِ اشاعت	:	۲۰۲۴ء
صفحات	:	۷۰
سرورق ڈیزائن	:	تعمیر ویب ڈیزائن

فہرست

(۱)	شوق۔۔اور مثنوی زہرِ عشق	6
(۲)	مثنوی زہرِ عشق: آغاز داستان	17
(۳)	نامۂ عشق	23
(۴)	جواب نامۂ عشق	24
(۵)	دو مہینے کے بعد معشوقہ کا پھر آنا	27
(۶)	عاشق کا جواب	39
(۷)	جواب معشوق کی طرف سے	41
(۸)	رخصتی ملاقات	43
(۹)	معشوقہ کا جنازہ	49
(۱۰)	خواب	57
(۱۱)	زہر عشق اور اسٹیج	59

شوق۔۔ اور مثنوی زہرِ عشق

اردو مثنوی کی تاریخ بہت طویل ہے لیکن اس طویل تاریخ میں صرف چند مثنویاں ایسی ہیں جن کی آب و تاب پر ماہ و سال کا کوئی اثر نہ پڑسکا۔ دکنی مثنویوں سے صرف نظر کرتے ہوئے ہم یہ کہہ سکتے ہیں کہ میر کی مثنویاں، میر حسن کی سحر البیاں، دیا شنکر نسیم کی "گلزار نسیم" اور نواب مرزا شوق کی مثنوی "زہر عشق" کو آج بھی حیرت انگیز مقبولیت حاصل ہے۔

مرزا شوق، آتش کے شاگرد تھے۔ اس زمانے میں پیدا ہوئے جب اودھ کی تہذیب اپنے عروج پر تھی۔ طویل عمر پائی۔ آٹھ والیان اودھ کا زمانہ دیکھا۔ رنگین مزاج تھے۔ والد نے انہیں عرصے تک درباروں سے محفوظ رکھا، واجد علی شاہ کے دربار سے وابستہ ہوئے تو ان کے شاعرانہ مزاج میں نکھار آگیا۔ لکھنؤ کی تہذیب کو آنکھوں دیکھا تھا۔ مزاج میں شوخی اور رنگینی تھی، زبان پر قدرت حاصل تھی۔ اسی سے اپنے کلام کو زیب و زینت عطا کی۔ یہاں ہم شوق کے عہد، شعری کارناموں اور خصوصاً مثنوی زہر عشق کا مطالعہ کریں گے۔

اورنگ زیب کی وفات 1707ء کے بعد مرہٹوں اور انگریزوں کی بڑھتی ہوئی بغاوت اور خود مختاری نے دہلی کی مرکزی حکومت کو کمزور کر دیا۔ ہر طرف بد نظمی،

بدامنی اور بے اطمینانی پھیلی ہوئی تھی۔ نادر شاہ اور احمد شاہ ابدالی کے حملے کے بعد دہلی کی تباہی اور معاشی بدحالی کا یہ حال ہو گیا کہ وہ امراجن کے گھر "محلات تھے" وہ اب سر پر چھت کے لئے ترسنے لگے تھے۔ جن کے دستر خوان پر کئی لوگ کھانا کھاتے تھے وہ خود دو وقت کی روٹی کے لئے محتاج ہو گئے۔ وہ ایسے افلاس اور پریشانی میں مبتلا ہو گئے کہ انہیں آخر دہلی چھوڑنا پڑا۔ دہلی کی شاعرانہ بساط بھی ان حالات میں الٹ گئی۔ شعرائے، دہلی چھوڑ کر عظیم آباد، فرخ آباد، اودھ اور حیدرآباد چلے گئے۔ جو شعراء ہجرت کر کے لکھنؤ چلے گئے، ان کی ایک طویل فہرست بن سکتی ہے۔ یہاں صرف چند نام بتائیں گے جن کا دبستان لکھنؤ کی تعمیر میں بڑا حصہ رہا ہے۔ سراج الدین علی خان آرزو، مرزا رفیع سودا، میر تقی میر، سید محمد میر سوز، قیام الدین قائم، میر غلام حسین ضاحک، میر مستحسن خلیق، میر غلام حسن حسن، شیخ قلندر بخش جرأت، انشاء اللہ خان انشاء، سعادت یار خان رنگیں، شیخ غلام ہمدانی مصحفی۔

اس دور میں لکھنؤ میں عیش و عشرت کا سامان گرم تھا۔ یہاں کی زندگی پر سکون اور اطمینان بخش تھی۔ نواب آصف الدولہ (1775-1797) اودھ کے چوتھے حکمران تھے۔ اہل علم و کمال کی سرپرستی میں جواب نہیں رکھتے تھے۔ انہیں کے زمانے میں اودھ کیا پایہ تخت فیض آباد سے لکھنؤ منتقل ہو گیا۔ آصف الدولہ کے بعد سلطنت اودھ کے سات اور حکمران ہوئے۔ آخری حکمران نواب واجد علی شاہ تھے جنہوں نے 1847 تک حکومت کی۔ ابتداء میں واجد علی شاہ نے انتہائی جوش و خروش کے ساتھ ملکی انتظامات میں اصلاح لانے کی کوشش کی مگر بعد میں رقص و سرور میں ایسے گم ہو گئے کہ انہیں ملکی فلاح و بہبود کا کوئی خیال نہ رہا۔ خود شعر کہتے

تھے اور شعراء کی قدر بھی کرتے تھے۔ 1856 کا سال واجد علی شاہ کے لئے بڑا منحوس ثابت ہوا۔ انگریزوں نے انہیں معطل کر دیا اور مٹیا برج منتقل کر دیا، جہاں انہوں نے اپنی زندگی کے بقیہ دن گزار کر 1887 میں انتقال کیا۔

واجد علی شاہ کے دور میں جہاں ایک طرف عیش و عشرت کا چرچا تھا تو دوسری طرف شعر و شاعری اور علم و ادب کو بھی ترقی ہو رہی تھی۔ واجد علی شاہ خود بھی شاعر تھے۔ رہس کا انہیں کے زمانے میں رواج ہوا۔ امانت کی اندر سبھا اور خود واجد علی شاہ کی مثنوی "دریائے عشق" ڈرامے کی شکل میں منظر عام پر آئی۔ طوائف پسندی کے باعث معاشرے میں نازک مزاجی اور تکلفات داخل ہوئے، آداب مجلس، طرز گفتگو، انداز بیان، غرض زندگی کے ہر شعبے پر نازک مزاجی، شائستگی، نرم کلامی داخل ہو گئی۔ لکھنؤ کے بدلتے ہوئے تہذیبی مزاج نے زبان کو بھی متاثر کیا۔ ثقیل الفاظ دھیرے دھیرے متروک ہونے لگے۔ باقاعدہ زبان کی اصلاح کی طرف توجہ دی گئی جس کا سہرا ناسخ کے سر جاتا ہے۔ اس دور کے شعراء کلام کے معنوی حسن کے بجائے ظاہری حسن پر توجہ کرتے تھے۔ دہلی سے آئے ہوئے شاعروں نے بھی اپنے معاشرے سے متاثر ہو کر اردو شاعری اور زبان کے نئے رجحانات کا ساتھ دیا اور پھر لکھنؤ کی شاعری اور زبان، دہلی سے اس قدرت مختلف ہو گئی کہ اردو شاعری کے دو الگ الگ دبستان بن گئے جو دہلوی دبستان اور لکھنوی دبستان کہلانے لگے۔ شعرائے لکھنؤ نے جہاں زبان کی اصلاح کی وہیں اصناف سخن میں گراں قدر اضافے کئیے۔ حکیم تصدق حسین خان یعنی نواب مرزاشوق، آصف الدولہ کے زمانے میں پیدا ہوئے اور واجد علی شاہ تک یعنی آٹھ حکمرانوں کو آنکھوں

دیکھا۔ لکھنؤ کی زندگی کے لطف اٹھائے اور یہیں انتقال کیا۔

حکیم حسین خاں نام تھا، نواب مرزا عرفیت اور شوق تخلص تھا۔ حکیم نواب مرزا کے نام سے مشہور تھے۔ شوق کے والد کا نام آغا علی خان تھا۔ شوق کا پورا خاندان حکمت و طبابت میں مشہور تھا لیکن ان کے چچا مرزا علی خان لکھنؤ کے مشہور حکیموں میں سے تھے وہ شاہان اودھ کے دربار میں بڑے عہدے پر فائز تھے۔ بادشاہ کی طرف سے حکیم الملک کا خطاب بھی ملا تھا۔

شوق 1783ء میں لکھنؤ میں پیدا ہوئے۔ ابتدائی تعلیم گھر ہی پر مکمل کی۔ اس کے بعد اپنے عہد کے مشہور اساتذہ کے فیض صحبت سے مختلف علوم میں مہارت حاصل کی۔ خاندانی پیشہ طب اور حکمت پر بھی انہیں عبور حاصل تھا، شاہی طبیب تھے۔

جب شوق نے ہوش سنبھالا تو ہر طرف شعر و سخن کا چرچا تھا، شوق بھی اسی معاشرے کے فرد تھے، ماحول سے متاثر ہو کر شعر گوئی کی طرف راغب ہوئے، اپنے دور کے اساتذہ میں خواجہ آتش کا رنگ پسند آیا، انہیں کے شاگرد ہو گئے، ابتداء میں تقریباً ہر شاعر نے غزل ہی کو تختۂ مشق بنایا، شوق نے بھی اپنی شاعری کے آغاز میں غزل ہی سے شوق کیا پھر مثنوی کی طرف متوجہ ہو گئے۔

شوق وجیہہ شخص تھے، کہتے ہیں جوانی میں شہر کے خوبصورت لوگوں میں ان کا شمار ہوتا تھا۔ 88 سال کی عمر پائی، ٹھاٹ باٹ کی زندگی گزار۔ عیش پسند اور رنگین مزاج تھے اسی لئے ایک عرصہ تک ان کے بزرگوں نے انہیں دبار سے الگ ہی رکھا۔ واجد علی شاہ کے زمانے میں دربار سے وابستہ ہوئے۔ واجد علی شاہ، شوق کو

بہت عزیز رکھتے تھے۔ پانچ سو روپے تنخواہ مقرر کی تھی۔ انعامات و اکرام وہ الگ تھے۔ شوق ذی علم اور طبیب حاذق تھے۔ فنون لطیفہ کا بڑا شوق تھا۔

تذکرہ شوق کے مصنف عطا اللہ پالوی نے لکھا ہے کہ شوق نے 30 جون 1871ء کو اٹھاسی سال کی عمر میں انتقال کیا۔ لکھنؤ کے ریلوے لائن کے نیچے قبرستان میں دفن ہیں، جہاں میر تقی میر، انشاء، مصحفی وغیرہ کے بھی مدفن ہیں۔

شوق نے اپنی شاعری کا آغاز غزل سے کیا۔ آتش کے شاگرد تھے۔ آتش خود بھی غزل کے شاعر تھے مگر شوق کو غزل سے زیادہ دلچسپی نہیں رہی۔ ان کی لکھی تین مثنویاں ہی ان کا سرمایہ حیات ہیں۔ مثنویوں کے علاوہ انہوں نے اور کن کن اصناف میں طبع آزمائی کی اس کا صحیح علم نہ ہوسکا۔ تذکرہ شوق سے چند غزلوں، متفرق اشعار اور ایک واسوخت کا پتہ چلتا ہے۔

شوق نے زیادہ غزلیں نہیں کہیں، نہ ان کا کوئی مطبوعہ اور غیر مطبوعہ دیوان ملتا ہے۔ شوق کے ایک محقق عطا اللہ پالوی نے مختلف تذکروں سے اکٹھا کر کے غزلوں کے کچھ اشعار اپنی کتاب "تذکرہ شوق" میں شامل کئے ہیں۔ دبستان آتش کے مصنف شاہ عبد السلام نے ان کی مثنویوں سے بھی غزل کے اشعار لیکر ان کی تعداد میں اضافہ کیا ہے۔ اس طرح شوق کا سرمایۂ غزل صرف 61 اشعار پر مشتمل ہو جاتا ہے۔ ان اشعار میں زبان و بیان کی خوبصورتی ہے، محاوروں کا استعمال ہے، انداز بیان میں شوخی اور سلاست ہے، ان کی غزلوں کے اکثر اشعار کسی مثنوی کے اشعار معلوم ہوتے ہیں جو غزل کے فارم میں لکھے گئے ہیں مثلاً

جلوے نہیں دیکھے جو تمہارے کئی دن سے

اندھیر ہے نزدیک ہمارے کئی دن سے
ہم جان گئے آنکھ ملاؤ نہ ملاؤ
بگڑے ہوئے تیور ہیں تمہارے کئی دن سے

شوق کے غزلیہ اشعار اپنے عہد کے مزاج سخن کی ترجمانی کرتے ہیں۔ وہی معاملہ بندی، عشوہ و ناز، محبوب سے چھیڑ چھاڑ، شرارت و شوخی ان کے دریافت شدہ اشعار کے موضوعات ہیں۔ کوئی خوبی اگر یہ تو وہ سلاست بیان ہے جیسے

خیر سے موسم شباب کٹا
چلو اچھا ہوا عذاب کٹا
چمن میں شب کو گھرا ابر نو بہار رہا
حضور آپ کا کیا کیا نہ انتظار رہا
حال دل اس لئے تحریر کیا ہے میں نے
کہ مبادا کہیں قاصد سے بیاں ہو کہ نہ ہو
میں تو بدنام ہوں، وہ بھی کہیں بدنام نہ ہوں
قاصد اس واسطے لکھا نہیں ہے سر نامہ
وہ بھی ہے کوئی حُسن جسے صورت تصویر
حیراں نہ رہے دیکھ کے دو چار گھڑی آنکھ

اردو شاعری میں غزل، قصیدہ، مثنوی اور مرثیہ کے اصناف سب سے زیادہ مقبول رہے ہیں۔ ان کے قطعات اور رباعیاں بھی شاعروں کی جولانگاہ رہی ہیں۔ ان کے علاوہ چند اور اصناف بھی اردو شاعری میں خاصی اہم ہیں، جن کی اپنی ایک

مخصوص روایت رہی ہے، انہیں میں سے ایک صنف "واسوخت" بھی ہے۔

واسوخت کا لفظ واسوختن سے مشتق ہے جس کے معنی جلن کے ہیں۔ اسی لحاظ سے واسوخت کے اصطلاحی معنی یہ ہیں کہ عاشق اپنے معشوق کی بے وفائی اور ہرجائی پن سے جل کر اسے جلی کٹی سنائے، برا بھلا کہے اور غم و غصے کا اظہار کرے۔ اور دھمکی دے کہ ہم بھی اب کسی اور سے دل لگائیں گے جیسے مومن کہتے ہیں:

اب اور سے لو لگائیں گے ہم
جوں شمع تجھے جلائیں گے ہم
بت خانۂ چیں ہو گر تیرا گھر
مومن ہیں تو پھر نہ آئیں گے ہم

کبھی کبھار ایسا بھی ہوتا ہے عاشق کی اس دھمکی سے ڈر کر معشوق تجدید وفا کرتا ہے اور صلح و صفائی ہو جاتی ہے۔

واسوخت کے لئے کوئی شعری ہیئت مخصوص نہیں ہے۔ ابتداء میں واسوخت مثمن یعنی آٹھ مصرعوں میں لکھی جاتی تھی۔ ہر بند کے ابتدائی چھ مصرعے ہم ردیف و قافیہ ہوتے تھے اور ٹیپ کا شعر کسی اور ردیف و قافیہ میں ہوتا تھا۔ میر تقی میر نے واسوخت کے لئے مسدس کی ہیئت استعمال کی ہے جس کے چھ مصرعے ہوتے ہیں جس کے ابتدائی چار مصرعے ہم ردیف و ہم قافیہ ہوتے ہیں۔ ٹیپ کے بند کا شعر کسی اور ردیف و قافیہ میں ہوتا ہے۔ مومن نے غزل کے فارم میں واسوخت لکھی ہے جس کی مثال اوپر دی گئی ہے۔

شوق نے صرف ایک واسوخت کہی ہے۔ یہ واسوخت "مجموعہ واسوخت"

مرتبہ فدا علی عیش میں شامل ہے۔ اس کے اکتالیس بند ہیں۔ یہ مسدس کے فارم میں لکھی گئی ہے۔ اس کا موضوع بھی وہی ہے جو واسوخت کا ہوا کرتا ہے۔ یہاں شوق نے پہلے پہلے اپنے محبوب کی تعریف کی ہے کہ وہ تو ابتداء میں بڑا معصوم تھا، بھلے ہی شوخ تھا، مزاج میں گرمی تھی مگر جفاکار، خونخوار، دل آزار اور طرار نہیں تھا۔ بات بات پر شرم آجاتی تھی۔ آرائش وزیبائش کا اتنا خیال بھی نہ تھا اور اب یہ حال ہے:

اب تو ہے اور ہی کچھ چہرہ زیبا کی بہار
دن میں آرائش تن ہونے لگی سو سو بار
جنبش ابرو پہ چل جاتی ہے دم میں تلوار
گرتے ہیں پھول سے رخسار پہ عشاق ہزار
ڈاک کی طرح سے رخسار جو ضو دیتے ہیں
عکس پڑ پڑ کے گہر کان میں لو دیتے ہیں

شوق کی غزلوں میں وہ جولانی خیال نہیں جو اس واسوخت میں ہے۔ یہاں شوق کا رنگ کچھ زیادہ ہی نکھرا ہوا ہے۔ بندش کی چستی اور طبیعت کی روانی نمایاں ہے۔ زبان میں وہی سلامت ہے جو ان کی غزلوں میں ہے۔

نواب مرزا شوق کی مثنویوں کی تعداد کے بارے میں مختلف آرا ملتی ہیں۔ امداد امام اثر نے کاشف الحقائق میں حالی نے مقدمہ شعر وشاعری میں، لالہ سری رام نے خم خانہ جاوید میں، شوق کی چار مثنویاں زہر عشق، فریب عشق، بہار عشق اور لذت عشق کا ذکر کیا ہے۔ دبستان لکھنؤ میں ڈاکٹر ابو اللیث صدیقی نے بھی شوق سے یہی چار مثنویاں منسوب کی ہیں۔ تذکرہ شوق میں البتہ عطا اللہ پالوی نے شوق کی تین

مثنویوں کا ذکر کیا ہے اور ثابت کیا ہے کہ شوق سے منسوب چوتھی مثنوی "لذت عشق" شوق کے بھانجے آغا حسن نظم کی مثنوی ہے۔ دور حاضر کی تحقیق سے یہ بات ثابت ہو گئی ہے کہ انہوں نے صرف فریب عشق، بہار عشق اور زہر عشق تین ہی مثنویاں لکھی ہیں۔

یہ شوق کی سب سے پہلی مثنوی ہے گلزار نسیم (1838) کی تکمیل کے ٹھیک آٹھ سال بعد (1846) میں مکمل ہوئی۔ اس مثنوی میں چار سو اٹھائیس اشعار ہیں۔ فریب عشق واقعاتی اور ادبی دونوں لحاظ سے ایک خاص مرتبہ رکھتی ہے۔ اس مثنوی میں شوق نے اپنے عہد کی بعض شاہی بیگمات کے مشاغل اور ان مشاغل کے پیچھے کھیلے جانے والے اخلاق سوز واقعات کو نظم کیا ہے۔ تذکرہ شوق میں عطا اللہ لکھتے ہیں:

"اس مثنوی کے ذریعے علی الاعلان اہل لکھنؤ کو اس سے آگاہ کیا کہ اس وقت کربلا، درگاہ اور وہ سارے مقامات مقدسہ جہاں جہاں مذہبی آڑ لے کر اجتماع مرد و زن ہوا کرتا ہے شبستان عیش و آوارگی کا اڈا بنے ہوئے ہیں اور ہماری عورتیں وہاں ہرگز تزکیہ نفس کے لئے نہیں بلکہ تسکین نفس کے لئے جایا کرتی ہیں۔"

اس مثنوی میں لکھنؤ کی روزمرہ زندگی کا ایک تاریک پہلو بڑے رنگین انداز میں پیش کیا گیا ہے۔ شوق نے اس مثنوی میں عورت اور مرد کی فطرت اور نفسیات کو بڑی چابکدستی اور حقائق پر مبنی پیش کیا ہے۔ موضوع بڑا نام ہونے کے باوجود کہیں رکاکت یا ابتذال نہیں۔ لکھنؤ کی بیگماتی زبان اور محاوروں کو نہایت ہی صحت اور صفائی سے استعمال کیا ہے۔ انداز بیان سادہ ہے۔

نواب مرزا شوق کی دوسری مثنوی بہار عشق (1847ء) میں منظر عام پر آئی۔ اس مثنوی میں آٹھ سو بیالیس اشعار ہیں۔ اس کے کئی ایڈیشن اب تک شائع ہو چکے ہیں۔ شوق کی یہ مثنوی بھی واجد علی شاہ کے عہد کی تہذیب و معاشرت کی تصویر کشی کرتی ہے۔ ذوق جستجو میں پروفیسر خواجہ احمد فاروقی لکھتے ہیں "بہار عشق" پلاٹ یا کردار نگاری کے اعتبار سے کوئی بلند پایہ مثنوی نہیں ہے۔ اس کی عظمت کا راز صرف اس کی زبان محاورے اور روز مرہ کی چاشنی میں ہے۔ شوق نے اس مثنوی میں سادگی اور سلاست پر بہت زور دیا۔ فریب عشق میں جو عریانیت نہیں ہے وہ یہاں بے محابہ اور غیر مہذب ہے۔ عطااللہ کا خیال ہے کہ اردو زبان میں اس رنگ کی یہ واحد مثنوی ہے جو نہ صرف زبان و بیان کے لحاظ سے بلکہ کی اور حیثیت سے بھی اردو زبان کی عجیب و غریب مثنوی ہے۔ سراپا نگاری میں شوق نے بڑا کمال دکھایا ہے۔ شوق کی بیگماتی زبان پر بڑی قدرت حاصل ہے جس کے بہترین نمونے ہمیں ان کی مثنویوں میں ملتے ہیں۔ اسی کا عکس ہمیں اس مثنوی میں بھی صاف نظر آتا ہے۔

زہر عشق، نواب مرزا شوق کی تیسری اور آخری مثنوی ہے اس کی تاریخ تصنیف میں اختلاف ہے۔ رشید حسن خان کے خیال میں یہ مثنوی (1861ء) کے قریبی زمانہ میں لکھی گئی۔ شاہ عبدالسلام کا خیال ہے کہ یہ مثنوی 1860ء اور 1882ء کے درمیان مکمل ہوئی۔ نظامی بدایونی نے سال تصنیف 1277ھ م 1860ء قرار دیا ہے۔ رشید حسن خاں ایک ذمہ دار محقق ہیں اس لئے ان کے دیئے ہوئے سنہ تصنیف یعنی 1861ء ہی کو مستند مانا جا سکتا ہے۔ اس مثنوی کا پہلا ایڈیشن

شوق کی حیات میں 1862ء میں شائع ہوا۔ مطبع نول کشور نے اس کے دو ایڈیشن شائع کیے۔ ایک شوق کے انتقال سے دو سال قبل یعنی 1869ء میں اور دوسرا اسی سال جس سال شوق کا انتقال ہوا یعنی 1971ء میں شائع کیا۔ اس کے بعد اس مختصر سی مثنوی کو بڑی مقبولیت حاصل ہوئی اور پچاسوں ایڈیشن اس کے اب تک شائع ہو چکے ہیں۔

مثنوی زہرِ عشق

آغاز داستان

ایک قصہ عجیب لکھتا ہوں
داستان غریب لکھتا ہوں
تازہ اس طرح کی حکایت ہے
سننے والوں کو جس سے حیرت ہے
جس محلے میں تھا ہمارا گھر
وہیں رہتا تھا ایک سوداگر
ایک دختر تھی اس کی ماہ جبین
شادی اس کی نہیں ہوئی تھی کہیں
ثانی رکھتی نہ تھی وہ صورت میں
غیرت حور تھی حقیقت میں
اس سن وسال پر کمالی خلیق
چال ڈھال انتہ کی نستعلیق
تھی زمانے میں بے عدیل و نظیر

خوش گلو، خوش جمال، خوش
ایک دن چرخ پر جو ابر آیا
کچھ اندھیرا سا ہر طرف چھایا
کھل گیا جب برس کے وہ بادل
قوس تب آسماں پر آئی نکل
دل مرا بیٹھے بیٹھے گھبرایا
سیر کرنے کو بام پر آیا
دیکھا اک سمت جو اٹھا کے نظر
سامنے تھی وہ دخت سوداگر
ہوئی میری جو اس کی چار نگاہ
منہ سے بے ساختہ نکل گئی آہ
سامنے وہ کھڑی تھی ماہ منیر
چپ کھڑا تھا میں صورت تصویر
اسی صورت سے ہو گئی جب شام
لائی پاس ان کے اک کنیز پیام
بیٹھی ناحق بھی ہولیں کھاتی ہیں
اماں جان آپ کو بلاتی ہیں
گیسو، رخ پر ہوا سے ہلتے ہیں
چلیے اب دونوں وقت ملتے ہیں

سن کے لونڈی کے منہ سے یہ پیغام
گئی کوٹھے کے نیچے وہ گل فام
گزرے کچھ دن جو رنج کے مارے
زرد رخسار ہو گئے سارے
ہو گئی پھر تو ایسی حالت زار
جیسے برسوں کا ہو کوئی بیمار
دیکھے ماں باپ نے جو یہ انداز
روح، قالب سے کر گئی پرواز
پوچھا مجھ سے یہ کیا ہے حال ترا
کس طرف ہے بندھا خیال ترا
رنج کس شعلہ رو کا کھاتے ہو
شمع کی طرح پگھلتے جاتے ہو
کھاتے ہو، پیتے ہو، نہ سوتے ہو
روز اٹھ اٹھ کے شب کو روتے ہو
میرے بچے کو جو کڑھائے جان
سات بار اس کو میں کروں قربان
اللہ آمیں سے ہم تو یوں پالیں
آپ آفت میں دل کو یوں ڈالیں
تیرے پیچھے کی تلخ سب اوقات

دن کو دن سمجھی اور نہ رات کو رات
پالا کس کس طرح تمہیں جانی
کون منت تھی جو نہیں مانی
روشنی مسجدوں میں کرتی تھی
جا کے درگاہ چوکی بھرتی تھی
اب جو نام خدا جوان ہوئے
ایسے مختار میری جان ہوئے
ہاں میاں سچ ہے یہ خدا کی شان
تم کرو جان بوجھ کر ہلکان
ہم تو یوں پھونک پھونک رکھیں قدم
آپ دیتے پھریں ہر ایک پہ دم
ہم یہاں رنج و غم میں روتے ہیں
آپ غیروں پہ جان کھوتے ہیں
یوں ستاؤ گے جان کر ہم کو
تھی نہ اس روز کی خبر ہم کو
دیکھتی ہوں جو تیرا حال زبوں
خشک ہوتا ہے میرے جسم کا خوں
یوں تو برباد تو شتاب نہ کر
مٹی ماں باپ کی خراب نہ کر

کچھ تو کہہ ہم سے اپنے قلب کا حال
کس کا بھایا ہے تم کو حسن و جمال
دل ہوا تیرا شیفتہ کس کا
سچ بتا ہے فریفتہ کس کا
کیسا دو دن میں جی نڈھال ہوا
دائی بندی کا کیا یہ حال ہوا
آئینہ تو اٹھا کے دیکھ ذرا
ست گیا دو ہی دن میں منہ کیسا
سدھ نہ کھانے کی ہے نہ پینے کی
کون سی پھر امید جینے کی
کس کی الفت میں ہے یہ حال کیا
کچھ نہ ماں باپ کا خیال کیا
دل پہ کیا گزری ہے ملال تو کہہ
منہ سے ناشدنی اپنا حال تو کہہ
یوں اگر ہو گیا تو سودائی
دور پہونچے گی اس کی رسوائی
کر دیا کس نے ایسا آوارہ
کہ نہیں بنتا اب کوئی چارہ
میرے تو دیکھ کر گئے اوسان

لیلیٰ مجنوں کے تونے کاٹے کان
باتیں یہ والدین کی سن کر
اور اک قلب پر لگا نشتر
میں تو کھائے ہوئے تھا عشق کا تیر
پر ہوئی ان کے دل پہ بھی تاثیر
چھلکے آنکھوں کے دونوں پیمانے
دل لگا آپ آپ گھبرانے
ہو گئی جب کمال حالت زار
جی میں باقی رہا نہ صبر و قرار
لکھنے پڑھنے سے تھا جو اس کو ذوق
سوچ کر دل میں لکھا اک خط شوق
بھیجا مجھ کو وہ بے خطر نامہ
ڈر سے لکھا مگر نہ سر نامہ
ایک ماما نے آکے چپکے سے
خط دیا ان کا ہاتھ میں میرے

نامۂ عشق

پڑھ کے میں نے لکھا یہ ان کو جواب
کیا لکھوں تم کو اپنا حال خراب
پہنچا جس وقت سے ترا مکتوب
زندگی کا بندھا ہے کچھ اسلوب
دل پہ آفت عجیب آئی ہے
جان بچ جائے تو خدائی ہے
اب جو پہنچی یہ آپ کی تحریر
ہے یہ لازم کہ وہ کرو تدبیر
سختیاں ہجر کی بدل جائیں
دل کی سب حسرتیں نکل جائیں
دے کے خط میں نے یہ کہا اس سے
"جلد اس کا جواب لا اس سے"
پہنچا جب ان تلک مرا مکتوب
ہنس کے بولی کہ "واہ وا کیا خوب"

جواب نامۂ عشق

پھر کیا یہ جواب میں تحریر

کچھ قضا تو نہیں ہے دامن گیر

ایسی باتیں تھیں کب یہاں منظور

تھا فقط تیرا امتحاں منظور

یہ تو لکھے تھے سب ہنسی کے کلام

ورنہ ان باتوں سے مجھے کیا کام

تم پہ میں مرتی! کیا قیامت تھی

کیا مرے دشمنوں کی شامت تھی

کالا دانہ ذرا اتروا لو

رائی لون اس سمجھ پہ کر ڈالو

تجھ پر مرتے بھی گر مرے بد خواہ

یوں نے لکھتی کبھی معاذ اللہ

جان پاپوش سے نکل جاتی

پر طبیعت نہ یوں بدل جاتی

جی میں ٹھانی ہے کیا بتاؤ تو
خانگی، کسبی کوئی سمجھے ہو
دیکھ تحریر فیل لائے آپ
خوب جلدی مزے میں آئے آپ
طالب وصل جو ہوئے ہم سے
ہے گا سادہ مزاج جم جم سے
رہی کچھ روز تو یہی تحریر
پھر موافق ہوئی مری تقدیر
ہوئے اس گل سے وصل کے اقرار
اٹھ گئے درمیاں سے سب تکرار
جو کہا تھا ادا کیا اس نے
وعدہ اک دن وفا کیا اس نے
رات بھر میرے گھر میں رہ کے گئی
صبح کے وقت پھر یہ کہہ کے گئی
لو مری جان! جاتی ہوں اب تو
یاد رکھیے گا میری صحبت کو
پیار کرتی تھی جو وہ غیرت حور
رکھا ملنے کا اس نے یہ دستور
پنج شنبے کو جاتی تھی درگاہ

واں سے آتی تھی میرے گھر وہ ماہ
عیش ہونے لگے مرے ان کے
غیر جلنے لگے یہ سن سن کے
اتفاق ایسا پھر ہوا ناگاہ
دو مہینے تک نہ آئی وہ ماہ
قطع سب ہو گئے پیام و سلام
نہ رہی شکل راحت و آرام
دل کو تشویش تھی یہ حد سے زیاد
دفعتہً پڑ گئی یہ کیا افتاد
نہیں معلوم کیا پڑی افتاد
جو فراموش کی ہماری یاد

دو مہینے کے بعد معشوقہ کا پھر آنا

آئی نوچندی اتنے میں ناگاہ
اس بہانے سے آئی وہ درگاہ
بسکہ مرتی تھی نام پر میرے
چھپ کے آئی وہاں سے گھر میرے
تھی جو فرصت نہ اشک باری سے
اتری روتی ہوئی سواری سے
پھر لپٹ کر مرے گلے اک بار
حال کرنے لگی وہ یوں اظہار
اقربا میرے ہو گئے آگاہ
تم سے ملنے کی اب نہیں کوئی راہ
مشورے ہو رہے ہیں آپس میں
بھیجتے ہیں مجھے بنارس میں
جائے عبرت سرائے فانی ہے
مورد مرگ نوجوانی ہے

دنیا کی بے ثباتی اور آخری وصیت

اونچے اونچے مکان تھے جن کے
آج وہ تنگ گور میں ہیں پڑے
کل جہاں پر شگوفہ و گل تھے
آج دیکھا تو خار بالکل تھے
جس چمن میں تھا بلبلوں کا ہجوم
آج اس جا ہے آشیانہ بوم
بات کل کی ہے نوجواں تھے جو
صاحب نوبت و نشاں تھے جو
آج خود ہیں، نہ ہے مکاں باقی
نام کو بھی نہیں نشاں باقی
غیرت حور مہ جبیں نہ رہے
ہیں مکاں گر تو وہ مکیں نہ رہے
جو کہ تھے بادشاہ ہفت اقلیم
ہوئے جا جا کے زیر خاک مقیم
کوئی لیتا بھی اب نہیں ہے نام
کون سی گور میں گیا بہرام
اب نہ رستم، نہ سام باقی ہے
اک فقط نام ہی نام باقی ہے

تھے جو خود سر جہان میں مشہور
خاک میں مل گیا سب ان کا غرور
عطر مٹی کا جو نہ ملتے تھے
نہ کبھی دھوپ میں نکلتے تھے
رشک یوسف جو تھے جہاں میں حسیں
کھا گئے ان کو آسمان و زمیں
ہر گھڑی منقلب زمانہ ہے
یہی دنیا کا کارخانہ ہے
ہے نہ شیریں نہ کوہ کن کا پتا
نہ کسی جا ہے نل دامن کا پتا
بوئے الفت تمام پھیلی ہے
باقی اب قیس ہے نہ لیلیٰ ہے
صبح کو طائران خوش الحان
پڑھتے ہیں کل من علیہا فان
موت سے کس کو رستگاری ہے
آج وہ کل ہماری باری ہے
ہم بھی گر جان دے دیں کھا کر سم
تم نہ رونا ہمارے سر کی قسم
دل کو ہم جولیوں میں بہلانا

یا مرے قبر پر چلے آنا
جا کے رہنا نہ اس مکان سے دور
ہم جو مر جائیں تیری جان سے دور
روح بھٹکے گی گر نہ پائے گی
ڈھونڈھنے کس طرف کو جائے گی
میرے مرنے کی جب خبر پانا
یوں نہ دوڑے ہوئے چلے آنا
جمع ہو لیں سب اقربا جس دم
رکھنا اس وقت تم وہاں پہ قدم
کہے دیتی ہوں جی نہ کھونا تم
ساتھ تابوت کے نہ رونا تم
ہو گئے، تم اگرچہ سودائی
دور پہونچے گی میری رسوائی
لاکھ تم کچھ کہو نہ مانیں گے
لوگ عاشق ہمارا جانیں گے
طعنہ زون ہوں گے سب غریب و امیر
قبر پر بیٹھنا نہ ہو کے فقیر
سامنا ہو ہزار آفت کا
پاس رکھنا ہماری عزت کا

جب جنازہ مرا عزیز اٹھائیں
آپ پلٹیں وہاں نہ اشک بہائیں
میری منت پہ دھیان رکھئے گا
بند اپنی زبان رکھئے گا
تذکرہ کچھ نہ کیجیے گا مرا
نام منہ سے نہ لیجیے گا میرا
اشک آنکھوں سے مت بہایئے گا
ساتھ غیروں کی طرح جایئے گا
آپ کاندھا نہ دیجئے گا مجھے
سب میں رسوا نہ کیجئے گا مجھے
رنگ دل کے بدل نہ جائیں کہیں
منہ سے نالے نکل نہ جائیں کہیں
ساتھ چلنا نہ سر کے بال کھلے
تا کسی شخص پر نہ حال کھلے
ہوتے آفت کے ہیں یہ پرکالے
تاڑ جاتے ہیں تاڑنے والے
ہو بیاں گر کسی جگہ مرا حال
تم نہ کرنا کچھ اس طرف کو خیال
رنج فرقت مرا اٹھا لینا

جی کسی اور جا لگا لینا
رنج کرنا مرا نہ میں قرباں
سن لو گر اپنی جان ہے تو جہاں
دے نہ اس کو خدا کبھی کوئی درد
ہوتا نازک کمال ہے دل مرد
رو لینا میری قبر کے پاس
تا نکل جائے تیرے دل کی بھڑاس
آنسو چپکے سے دو بہا لینا
قبر میری گلے لگا لینا
اگر آجائے کچھ طبیعت پر
پڑھنا قرآن میری تربت پر
غنچہ دل مرا کھلا جانا
پھول تربت پر دو چڑھا جانا
رو کے کرنا نہ اپنا حال زبوں
یوں نہ ہو جائے دشمنوں کو جنوں
دیکھئے کس طرح پڑے گی کل
سخت ہوتی ہے منزل اول
ہے یہ حاصل سب اتنی باتوں سے
مٹی دینا تم اپنے ہاتھوں سے

عمر بھر کون کس کو روتا ہے
کون صاحب کسی کا ہوتا ہے
کبھی آجائے گر تمہارا دھیان
جاننا ہم پہ ہو گئی قربان
پھر ملاقات دیکھیں ہو کہ نہ ہو
آج دل کھول کے گلے مل لو
خوب سا آج دیکھ بھال لو تم
دلکی سب حسرتیں نکال لو تم
آؤ اچھی طرح سے کر لو پیار
کہ نکل جائے کچھ تو دل کا بخار
دل میں باقی رہے نہ کچھ ارمان
خوب مل لو گلے سے، میں قربان
حشر تک ہو گی پھر یہ بات کہاں
ہم کہاں، تم کہاں، یہ رات کہاں
دل کو اپنے کرو ملول نہیں
رونے دھونے سے کچھ حصول نہیں
ہم کو گاڑھے جو اپنے دل کو کڑھائے
ہم کو ہے ہے کرے جو اشک بہائے
باہیں دونوں گلے میں ڈال لو آج

جو جو ارمان ہوں نکال لو آج
کس کو کل بیٹھ کر کروگے پیار
کس کی لوگے بلائیں تم ہر بار
کل گلے سے کسے لگاؤگے
یوں کسے گود میں بٹھاؤگے
حال کس کا سنائے گی آکر
کس کی ماما بلائے گی آکر
یاد اتنی تجھے دلاتے جائیں
پان کل کے لئے لگاتے جائیں
دیکھ لو آج ہم کو جی بھر کے
کوئی آتا نہیں ہے پھر مر کے
ختم ہوتی ہے زندگانی آج
خاک میں ملتی ہے جوانی آج
سمجھو اس کو شب برات کی رات
ہم ہیں مہماں تمہارے رات کی رات
پھل اٹھایا نہ زندگانی کا
نہ ملا کچھ مزا جوانی کا
دل میں لے کر تمہاری یاد چلے
باغ عالم سے نامراد چلے

جب تلک چرخ بے مدار رہے
یہ فسانہ بھی یادگار رہے
بولی گھبرا کے پھر: ٹھہر مری جان
کچھ سنا بھی کہ کیا بجا اس آن
حسرت دل نگوڑی باقی ہے
اور یہاں رات تھوڑی باقی ہے
گود میں اپنی پھر بٹھا لو جان
پھر گلے سے ہمیں لگا لو جان
ڈال دو پھر گلے میں ہاتھوں کو
پھر گلوری چبا کے منہ میں دو
پھر کہاں ہم کہاں یہ صحبت یار
کر لو پھر ہم کو بھینچ بھینچ کے پیار
پھر مرے سر پہ رکھ دو سر اپنا
گال پر گال رکھ دو پھر اپنا
پھر اسی طرح منہ کو منہ سے ملو
پھر وہی باتیں پیار کی کر لو
لہر پھر چڑھ رہی ہے کالوں کی
بو سنگھا دو تم اپنے بالوں کی
پھر ہم اٹھنے لگیں بٹھا لو تم

پھر بگڑ جائیں ہم منالو تم
پھر لبوں کو چبا کے بات کرو
پھر ذرا مسکرا کے بات کرو
پھر بلائیں تمہاری یار لیں ہم
آؤ پھر سر سے سر اتار لیں ہم
اور نہ اس طرح سے تو زار و قطار
دشمنوں کو کہیں چڑھے نہ بخار
اب تو کیوں ٹھنڈی سانسیں بھرتا ہے
کیوں مرے دل کے ٹکڑے کرتا ہے
میں ابھی تو نہیں گئی ہوں مر
کیوں سجائی ہیں آنکھیں رو رو کر
کر نہ رو رو کے اپنا حال زبوں
ارے ظالم ابھی تو جیتی ہوں
ایسے قصے ہزار ہوتے ہیں
یوں کہیں مردوے بھی روتے ہیں
تم تو اتنے میں ہو گئے رنجور
تھک گئے اور ابھی ہے منزل دور
اسی غم نے تو مجھ کو مارا ہے
صدمہ تیر انہیں گوارا ہے

جان ہم نے تو اس طرح کھوئی
کون تیری کرے گا دل جوئی؟
کون روئے گا اس طبیعت کو
کس سے کہہ جاؤں اس نصیحت کو
میں کہاں ہوں جو ساتھ دوں تیرا
ہاتھ میں کس کے ہاتھ دوں تیرا
پر میں اب اس کو کیا کروں کم بخت
آسماں دور ہے زمیں ہے سخت
گو کہ عقبیٰ میں روسیاہ چلی
مگر اپنی سی میں نباہ چلی
جی کو تم پر فدا کیا میں نے
حق وفا کا ادا کیا میں نے
بولی پھر زانوؤں پہ مار کے ہاتھ
"نہیں معلوم اب ہے کتنی رات"
جو جو گھڑیال واں بجاتا ہے
جی مرا سنسنایا جاتا ہے
یوں تو کوئی نہ درد و غم میں گھرے
پھولے جاتے ہیں ہاتھ پاؤں مرے
گو تو بیٹھا ہوا ہے پاس مرے

پر ٹھکانے نہیں حواس مرے
خاک تسکین جان زار کریں
اب وصیت کریں کہ پیار کریں

عاشق کا جواب

سن کے میں نے دیا یہ اس کو جواب
میرے دل کو بس اب کرو نہ کباب
مجھ پہ یہ دن تو کبریا نہ کرے
تم مرد، میں جیوں، خدا نہ کرے
جان دے دوگی تم جو کھا کر سم
میں بھی مر جاؤں گا خدا کی قسم
جو یہ دیکھے گا خوب روئے گا
آگے پیچھے جنازہ ہوئے گا
دل ہی دل میں الم اٹھاتی ہو
جان دیتی ہو، زہر کھاتی ہو
پہنچا ماں باپ سے جو تم کو الم
اس کا کرنا نہ چاہئے کچھ غم
جو کہ ہوتے ہیں قوم کے اشراف
وہ یوں ہی کرتے ہیں قصور معاف

کچھ تمھیں پر نہیں ہے یہ افتاد
سب کے ماں باپ ہوتے ہیں جلاد
صدمہ ہر اک پہ یہ گزرتا ہے
زہر کھا کھا کے کوئی مرتا ہے
شکوہ ماں باپ کا تو ناحق ہے
ان کا اولاد پر بڑا حق ہے
ہوں جو ناراض یہ قیامت ہے
ان کے قدموں کے نیچے جنت ہے
تم تو نام خدا سے ہو دانا
اس پہ رتبہ نہ ان کا پہچانا
کیا بھروسہ حیات کا ان کی
نہ برا مانو بات کا ان کی
ہوش رہتے نہیں ہیں اس سن کے
یہ تو مہمان ہیں کوئی دن کے
اتنی سی بات کا غبار ہے کیا
ان کے کہنے کا اعتبار ہے کیا
غور سے کیجئے جو دل میں خیال
ان کا غصہ نہیں ہے جائے ملال

جواب معشوق کی طرف سے

سن کے اس نے دیا یہ مجھ کو جواب
ہم نے دیکھی نہیں ہے چشم عتاب
بے حیا ایسی زندگی کو سلام
منہ پہ آئے نہ تھے کبھی یہ کلام
طعنے سنتی ہوں دو مہینے سے
موت بہتر ہے ایسے جینے سے
خون دل کب تلک پیئے کوئی
بے حیا بن کے کیا جیے کوئی
پر مرے جیتے جی نہ بہر خدا
اپنے مرنے کا ذکر منھ پر لا
تم نے جی دینے کئے جو کی تدبیر
حشر کے روز ہوں گی دامن گیر
تو سلامت جہاں میں رہ مری جان
نکلے ماں باپ کا ترے ارمان

واسطے میرے اپنا دل نہ کڑھا
چاند سی بنو گھر میں بیاہ کے لا
چار دن کے ہیں نالہ و فریاد
عمر بھر کون کس کو کرتا ہے یاد
لطف دینا کے جب اٹھاؤ گے
ہم کو دو دن میں بھول جاؤ گے

رخصتی ملاقات

تھا یہی ذکر جو بجا گھڑیال
سنتے ہی اس کے ہو گئی بے حال
ہو گیا فرط غم سے چہرہ زرد
دست و پا تھرتھرا کے ہو گئے سرد
مردنی رخ پہ چھا گئی اس کے
دل میں وحشت سما گئی اس کے
اتنے میں صبح کی بجی وردی
دونی چہرے کی ہو گئی زردی
بید کی طرح جسم تھرایا
سر سے لے پاؤں تک عرق آیا
باتیں کرتی جو تھی وہ بھول گئی
دم لگا چڑھنے سانس پھول گئی
بولی گھبرا کے: "رہیو اس کے گواہ
اور کہا "لا الہ الا اللہ"

اب فقط یہ ہے خوں بہا میرا
بخش دیجئے کہا سنا میرا"
کہہ کے پھر یہ چمٹ گئی اک بار
اور کیا خوب بھینچ بھینچ کے پیار
سر سے لے کر بلائیں تا بہ قدم
بولی: "تم پر نثار ہوتے ہیں ہم"
پھر یہ بولی وہ پونچھ کر آنسو
"میرے سر کی قسم نہ کڑھیو تو"
آزمائی تھی تجھ کو کستی تھی
میں ترے چھیڑنے کو ہنستی تھی
کہہ کے یہ بات ہو گئی وہ سوار
یاں بندھا آنسوؤں کا چشم سے تار
آتی تھی یاد جب وصیت یار
وہم لاتا تھا دل ہزار ہزار
ہر گھڑی تھا جو اضطراب فزوں
چپکا روتا تھا بیٹھا میں محزوں
کہ اٹھا ایک سمت سے دو غل
ہوش جس سے کہ اڑ گئے بالکل
ہو گیا دل کو اس طرح کا ہراس

آئے سو سو طریق کے وسواس
کہا اک دوست سے کہ تم جاکر
جلد اس شور و غل کی لاؤ خبر
کیا اس طرح آ کے مجھ سے بیاں
کہ یہاں سے ہے اک قریب مکاں
باغ کے پاس جو بنا ہے گھر
واں فروکش تھا ایک سوداگر
یوں تو اک شور راہ بھر میں ہے
پر یہ آفت انہیں کے گھر میں ہے
صاف کھلتا نہیں ہے یہ اسرار
مر گیا کوئی یا کہ ہے بیمار
ہر بشر ہو رہا ہے دیوانہ
کوئی مرتا ہے صاحب خانہ
تھمتا اک دم بھی واں خروش نہیں
کس سے پوچھیں؟ کسی میں ہوش نہیں
روتے جس درد سے ہیں وہ اس دم
دیکھا جاتا نہیں خدا کی قسم
کہہ گئی تھی جو وہ کہ کھاؤں گی زہر
میں یہ سمجھا کہ ہو گیا وہی قہر

گو حیا سے نہ اس کا نام لیا
دونوں ہاتھوں سے دل کو تھام لیا
دوستوں نے جو دیکھی یہ صورت
بولے اس طرح از راہ الفت
حال دل یوں تمہارا غیر تو ہے
مگر اس وقت کیا ہے؟ خیر تو ہے
کون سی آفت آ گئی اس دم
مردنی منہ پہ چھا گئی اس دم
کیا ہے جو اتنے بے قرار ہو اب
کوئی مر جائے اس سے کیا مطلب
شہر میں روز لوگ مرتے ہیں
خفقان اس کا کوئی کرتے ہیں
سن کے ماں باپ کیا کہیں گے بتاؤ
ہوش پکڑو ذرا حواس میں آؤ
تم کو کیا ہے جو جان کھوتے ہو
بے سبب آپ ہی آپ روتے ہو
نہ دیا ان کو مارے غم کے جواب
ڈھانپ کر منہ کیا بہانہ خواب
حال دل سینے میں ہوا جو تباہ

بیٹھا کمرے میں آن کر سر راہ
دیکھا برپا ہے اک حشر کا غل
بھیڑ سے بند راہ ہے بالکل
اس طرف سے جو لوگ آتے ہیں
یہی آپس میں کہتے جاتے ہیں
حال ان کا بھی جائے رقت ہے
داغ، اولاد کا قیامت ہے
نوچ ڈالے ہیں سارے سر کے بال
کیا پریشاں ہے والدین کا حال
آفت تازہ سر پہ ہے آئی
بک رہے ہیں مثال سودائی
جو کہ تھے اس میں صاحب اولاد
حال ابتر تھا ان کا واحد سے زیاد
کہتے تھے کوٹ کر سر و سینہ
کیوں نہ دشوار ان کو ہو جینا
مرگ اولاد کا وہ ماتم ہے
رنج و غم جس قدر کریں کم ہے
کوئی کہتا تھا کیسی آفت ہے
نوجواں مرنا بھی قیامت ہے

کوئی بولا کہ ہے سبھی کو ملال
دیکھا جاتا نہیں ہے باپ کا حال
نہ کسی کو ہے صبر نے آرام
دیکھنے والے رو رہے ہیں تمام

معشوقہ کا جنازہ

پھوڑ ڈالے ہیں سب نے سر اپنے
سر و پا کی نہیں خبر اپنے
بنئے بقال جان کھوتے ہیں
سارے دوکان دار ہوتے ہیں
حال دیکھا جو میں نے یہ اٹھ کر
ہل گیا سینے میں دل مضطر
عشق کی جو تھی دل کو بیماری
غش کا عالم سا ہو گیا طاری
دو گھڑی بعد پھر جو آیا ہوش
دیکھا برپا عجب ہے جوش و خروش
آگے آگے ہے کچھ جلوس رواں
سر کھلے کچھ ہیں پیچھے پیر و جواں
سن رسیدہ ہیں عورتیں کچھ ساتھ
سینہ و سر پہ مارتی ہیں ہاتھ

کوئی ماں ہے، کوئی دائی ہے
کوئی انا، کوئی کھلائی ہے
جب وہ بھرتے ہیں غم سے آہیں سرو
سننے والوں کے دل میں ہوتا درد
ہوتا غیروں کو ہے ملال ان کا
دیکھا جاتا نہیں ہے حال ان کا
کچھ بیاں ایسے ہوتے جاتے ہیں
راستے والے روتے جاتے ہیں
اس کے پیچھے پڑی پھر اس پہ نگاہ
کہ نہ دیکھے بشر معاذ اللہ
شامیانہ نیاز ری کا ہے
نیچے تابوت اس پری کا ہے
سہرا اس پر بندھا ہے اک زر تار
جیسے گلشن کی آخری ہو بہار
تھی پڑی اس پہ ایک چادر گل
جس سے خوشبو وہ راہ تھی بالکل
عود سوز آگے آگے روشن تھے
مر گئے پر بھی لاکھ دلہن تھے
بھیڑ تابوت کے تھی ایسی ساتھ

جیسے آئے کسی دلہن کی برات
سب وضیع و شریف تھے ہمراہ
بھیڑ تھی اس قدر کہ بند تھی راہ
ساتھ تھے خویش و اقربا سارے
رو رہے تھے غریب بیچارے
پیچھے پیچھے تھا سب کے سوداگر
مو پریشاں، اداس، خاک بسر
سب امیر و فقیر روتے تھے
دیکھ کر راہ گیر روتے تھے
سب کے پیچھے پنس میں تھی مادر
کہتی جاتی تھی اس طرح رو رو کر
تیری میت پہ ہو گئی میں نثار
کم سخن ہائے میری غیرت دار
دل پہ جو گزری کچھ بیان نہ کی
کچھ وصیت بھی میری جان نہ کی
کچھ نہیں ماں کی اب خبر تم کو
کس کی یہ کھا گئی نظر تم کو
دل ضعیفی میں مرا توڑ گئیں
بیٹا اس ماں کو کس پہ چھوڑ گئیں

تازہ پیدا جگر کا داغ ہوا
گھر مرا آج بے چراغ ہوا
دل کو ہاتھوں سے کوئی ملتا ہے
جی سنبھالے نہیں سنبھلتا ہے
زہر دے دے کوئی میں کھا جاؤں
یا زمیں شق ہو میں سما جاؤں
داغ تیرا جگر جلاتا ہے
چاند سا مکھڑا یاد آتا ہے
مٹ گیا لطف زندگانی کا
دل کو غم ہے تری جوانی کا
بیاہ تیرا رچانے پائی نہ میں
کوئی منت بڑھانے پائی نہ میں
تیری صورت کے ہو گئی قرباں
چلیں دنیا سے کیسی پُر ارماں
ہوئیں کس بات پر خفا بولو
اماں داری ذرا جواب تو دو
بولتیں تم نہیں پکارے سے
اب جیوں گی میں کس سہارے سے
کیا قضا نے جگر پہ داغ دیا

آج گھر میرا بے چراغ کیا

نکلا ماں باپ کا نہ کچھ ارمان

ہائے بیٹا نہ تم چڑھیں پروان

ایسی اس ماں سے ہو گئیں بیزار

لی نہ خدمت بھی پڑ کے کچھ بیمار

نہ جیوں گی ترے فراق میں میں

دل تڑپتا ہے آنکھیں ڈھونڈتی ہیں

کس مصیبت میں پڑ گئی بیٹا

کوکھ میری اجڑ گئی بیٹا

عمر کٹنی تھی ایسے صدمے میں

ٹھوکریں تھیں بدی بڑھاپے میں

سن کے اس طرح اس کی ماں کی بین

اور سینے میں دل ہوا بے چین

تھی مصیبت جو اس پری کی یاد

سب کے پیچھے میں ہو لیا ناشاد

گہ تڑپتا تھا صورت بسمل

بیٹھ جاتا تھا گاہ تھام کے دل

مرغ بسمل کی میری صورت تھی

یاں گراں، واں گرا، یہ حالت تھی

الغرض پہنچا ساتھ ان کے وہاں
دفن کا اس کے تھا مقام جہاں
قبر کھدتی جو داں نظر آئی
لاکھ روکا پہ چشم بھر آئی
طاقت ضبط گریہ جب نہ رہی
دل سے میں نے یہ اپنے بات کہی
کہہ کہ کیا مر گئی وہ جان تجھے
کچھ وصیت کا بھی ہے دھیان تجھے
ہو نہ للّٰہ بے قرار اتنا
ضبط کر غم کو ہو سکے جتنا
دل کو سمجھا کے یہ گے میں وہاں
جمع سب ان کے اقربا تھے جہاں
دل آفت زدہ کو بہلا کر
چپکا بیٹھا میں اک طرف جا کر
اشک آنکھوں سے گو نہ بہتے تھے
لوگ پر دیکھ دیکھ کہتے تھے
حال چہرے کا آج کیسا ہے
خیر تو ہے مزاج کیسا ہے
لال آنکھیں ہیں تمتماتے گال

وجہ کیا ہے بیاں کیجئے احوال
منہ پہ اک مردنی سی چھائی ہے
چہرے پہ چھٹ رہی ہوائی ہے
غل ہوا اتنے میں "سب آتے جائیں"
فاتحہ پڑھتے جائیں جاتے جائیں
سن کے یہ سب گئے وہاں احباب
بخشا پڑھ پڑھ کے فاتحے کا ثواب
جب کہ اس سے بھی ہو گئی فرصت
آئے جتنے تھے ہو گئے رخصت
پائی تنہا جو میں نے یار کی قبر
دل کو باقی رہی نہ طاقت صبر
تھا جو اس شمع رو کا دیوانہ
دوڑ کر آیا مثل پروانہ
گر پڑا آ کے قبر پر اک بار
اور رونے لگا میں زار و نزار
نہ رہا تھا جو اختیار میں دل
لوٹا تربت پہ صورت بسمل
دل عجب کچھ مزا اٹھاتا تھا
قبر اس کی گلے لگاتا تھا

دیکھا آنکھوں سے تھا جو ایسا قہر
کھا گیا میں بھی گھر میں آ کر زہر
دوپہر تک تو قے رہی جاری
بعد پھر اس کے غش ہوا طاری
تین دن تک رہی وہ بے ہوشی
ہو گئی جس سے خود فراموشی

خواب

عین غفلت میں پھر یہ دیکھا خواب
کہ یہ کہتی ہے وہ بہ چشم عتاب
سن تو رے تو نے تو زہر کیوں کھایا
کچھ وصیت کا بھی نہ پاس آیا
ہوئے خود رفتہ ایسے حد سے زیاد
دو ہی دن میں بھلا دی میری یاد
دل سے میرا بھلا دیا کہنا
ہاں یہی چاہئے تھا کیا کہنا
کہہ کے یہ جب وہ ہو گئی روپوش
کھل گئی آنکھ آ گیا مجھے ہوش
زہر کا پھر نہ کچھ اثر پایا
اک تعجب سا مجھ کو لے آیا
آشنا و دوست سب کا تھا یہ بیان
مر دے جی اٹھتے ہیں خدا کی شان

ہو گیا والدین کا یہ سرور
بڑھ گیا دل کا چین چشم کا نور
اقربا سن کے سب ہوئے دل شاد
آ کے دینے لگے مبارک باد
حاصل اتنا تھا کچھ کہانی سے
ہم رہے جتنے سخت جانی سے
عشق میں ہم نے یہ کمائی کی
دل دیا غم سے آشنائی کی

زہر عشق اور اسٹیج

اس دور میں کئی تھیٹریکل کمپنیوں نے اس مثنوی کو اسٹیج پر پیش کیا۔ ایک بار ایک کمپنی نے اسے لکھنؤ میں اسٹیج کیا۔ کہا جاتا ہے کہ اس مثنوی اور اس کی پیش کشی سے متاثر ہو کر ایک لڑکی نے خودکشی کر لی۔ اس کے بعد حکومت ہند نے اس کو اسٹیج پر پیش کرنے کی ممانعت کر دی اور اسے عریاں قرار دے کر اس کی اشاعت پر بھی پابندی لگا دی۔ 1919ء میں اہل ذوق حضرات کی کوششوں سے پابندی اٹھالی گئی تو نظامی بدایونی نے ستمبر 1919ء میں اس مثنوی کا ایک شاندار ایڈیشن شائع کیا۔

ایک بہت دولت مند تاجر تھا۔ اس کی ایک خوبصورت بیٹی تھی۔ اسے شعر گوئی کا ذوق تھا۔ لکھنے پڑھنے کا شوق تھا، ماں باپ کی بہت چہیتی تھی۔

سارا گھر اس پہ رہتا تھا قرباں
روح گر ماں کی تھی تو باپ کی جاں
نور آنکھوں کا دل کا چین تھی وہ
راحت جان والدین تھی وہ

ایک دن وہ خوبصورت لڑکی اپنی سہیلیوں کے ساتھ بام پر گئی تو وہاں ایک پڑوسی لڑکے سے آنکھ لڑ گئی دونوں ایک دوسرے کے عشق میں مبتلا ہو گئے۔ پڑوسی

کی "آتش ہجر ہو گئی دل سوز" ماں باپ نے بیٹے کی جو یہ حالت دیکھی تو وہ تڑپ اٹھے۔ لاکھ سمجھایا کچھ اثر نہ ہوا۔ مارے شرم کے وہ ماں باپ سے حال دل بھی نہ کہہ سکا۔ سوداگر لڑکی نے ایک دن ایک خط شوق ماما کے ذریعہ لکھا بھیجا۔ ادھر سے بھی جواب خط گیا۔ اور یہ سلسلہ چلتا رہا۔ وعدے وعید ہوتے رہے۔ ایک دن وعدہ وفا ہوا۔ چھپ کے ملاقاتیں ہوتی رہیں۔ دختر سوداگر کے گھر والوں کو اس کی خبر ہو گئی، انہوں نے لڑکی کو بنارس بھیجنے کا فیصلہ کیا۔ یہ سن کر لڑکی نے سوچا کہ ہجر میں جینے سے موت اچھی ہے اور کہا کہ "اس جدائی سے موت بہتر ہے"۔ یہ ہماری آخری ملاقات ہے۔

زہر کھا کر سو رہوں گی زمانے کے
دو مہینوں سے طعنے سن رہی ہوں
موت بہتر ہے ایسے جینے سے

عاشق زار نے سمجھایا کہ ماں باپ کی بات مان لو، ماں باپ کا اولاد پر بڑا حق ہے۔ کیوں خدانخواستہ زہر کھانے کی بات کرتی ہو۔ معشوق نے ایک نہ سنی اور چلی گئی ادھر یہ خوف کہ جو کہا ہے وہی نہ کر بیٹھے۔ اتنے میں ایک سمت سے غل اٹھا دوست احباب نے آ کر خبر دی ایک سوداگر کے مکان سے یہ شور ماتم اٹھ رہا ہے۔ لڑکے کا دل بیٹھ گیا اس نے بھی زہر کھا لیا۔

مر گئی تھی جو مجھ پہ وہ گلفام
زندگی ہو گئی مجھے بھی حرام

لڑکے پر تین دن تک غفلت طاری رہی۔ اس نے خواب میں دیکھا وہ اپنی

وصیت یاد دلا رہی تھی کہہ رہی تھی:

سن تو اے تو نے زہر کیوں کھایا

کچھ وصیت کا بھی نہ پاس آیا

ہوئے خود رفتہ ایسے حد سے زیاد

دو دہی دن میں بھلا دی میری بات

یہ کہہ کر رہ تو روپوش ہو گئی۔ عاشق کو ہوش آیا تو زہر کا کچھ اثر نہ رہا۔ لوگ مبارک باد دینے لگے۔

مثنوی کا قصہ کوئی نادر یا منفرد قصہ نہیں ہے۔ یہ عشق کی وہ داستان ہے جس پر زمانے اور وقت کا کوئی اثر نہیں پڑتا۔ ہماری داستانیں اور مثنویاں عموماً ایسے قصوں سے بھری پڑی ہیں۔ اردو مثنویوں کی تاریخ میں عشقیہ مثنویوں کی روایت، نظامی بیدری کی کدم راؤ پدم راؤ سے لیکر گلزار نسیم سے گزرتی ہوئی زہر عشق تک پہنچتی ہے۔ سبھی مثنویوں کا آغاز عموماً حمد، نعت اور منقبت سے ہوتا ہے۔ زہر عشق میں شوق نے تین شعر حمدیہ لکھے ہیں۔ دو نعت کے شعر ہیں اور دو شعر مدح حیدر میں ہیں۔

جس طرح وجہی نے سب رس میں عشق پر گیارہ انشائیے لکھے ہیں اسی طرح ہمارے مثنوی نگار شاعروں بھی عشق کی شان میں رطب اللسان ہیں۔ خاص طور پر میر تقی میر نے عشق کے تیر کا کاری لگنا، درد و ہجر کا تڑپ و اضطراب میں بدلنا، یہاں تک منزل فنا تک پہنچنا، سبھی کچھ ڈوب کر لکھا ہے۔ میر صاحب کی اس روایت کو شوق نے آگے بڑھایا (455) اشعار کی اس مثنوی میں منقبت کے بعد 14 شعر

انہوں نے عشق کی تعریف میں لکھے ہیں۔ اس کے بعد اس طرح قصہ شروع کرتے ہیں:

ایک قصہ عجیب لکھتا ہوں
داستان غریب لکھتا ہوں

شوق نے اردو کی دیگر مثنویوں کی طرح اپنی مثنوی کے ابواب یا عنوان ابواب نہیں لکھے ہیں۔ اک دریا ہے کہ بہا جا رہا ہے۔ شاعر نے اپنی مثنوی کی ہیروئین کا نام لکھا ہے۔ فراق گورکھپوری نے شوق کے اس شعر سے نام اخذ کر کے "ماہ جبیں" بتلایا ہے:

ایک دختر تھی اس کی ماہ جبیں
شادی اس کی نہیں ہوئی تھی کہیں

بس یہیں سے یہ داستان عشق شروع ہوتی ہے۔ عطا اللہ کا کہنا ہے کہ یہ کوئی من گھڑت کہانی یا قصہ نہیں ہے۔ یہ داستان عشق خود مرزا خاں شوق کی داستان عشق ہے۔ اس قصے میں کوئی مافوق الفطرت عناصر نہیں اور نہ کوئی قصہ در قصہ مثنوی کو آگے بڑھانے والی تکنیک استعمال ہو۔ ایک سیدھی سادی مختصر سی داستان ہے جس میں کرداروں کی فوج ہے نہ مناظر کی بہتات۔ یہی وجہ ہے کہ مختصر سی نشست میں یہ مثنوی ختم ہو جاتی ہے اور ایک گہرا تاثر چھوڑ جاتی ہے مگر آج کی اس میکانکی دنیا میں جہاں آدمیوں کے جنگل میں آدمی خود نگر ہو گیا ہے، خود پرست اور خود غرض ہو گیا ہے، ایسے واقعات عشق صرف ایک جذباتی دیوانگی کے سواء کوئی حقیقت نہیں رکھتے۔

اس مختصر سے قصے میں ہیرو ہیروئین دونوں کے والدین اور ایک ماما کو پیش کیا گیا۔ آخر میں ہیرو کے چند دوستوں کا صرف تذکرہ آجاتا ہے۔ ہیرو کا کردار اردو کی اکثر مثنویوں کی طرح بے عمل ہے، وہ عشق کر بیٹھتا ہے لیکن اظہار عشق کی جرأت نہیں کرتا۔ پہل لڑکی کی طرف سے ہی ہوتی ہے، بیمار ہو جاتا ہے، ماں کی ڈانٹ پھٹکار سن کر شرمندہ ہوتا ہے۔ لڑکی زہر کھا کے مر جانے کو ہجر میں جینے سے بہتر سمجھتی ہے اور وقت صبح بچھڑ کر گھر چلی جاتی ہے۔ اس عاشق زار سے اتنا نہ ہوا کہ اسے زہر کھانے سے روک لیتا۔ وہ گئی اور وہ دیکھتا رہا۔ یہاں تک کہ اس کے مرنے کی خبر آئی کہنے لگا:

کہہ گئی تھی جو وہ کہ کھاؤں گی زہر
میں یہ سمجھا کہ ہو گیا وہی قہر
گو حیا سے نہ اس کا نام لیا
دونوں ہاتھوں سے دل کو تھام لیا

صرف اتنا کرتا ہے کہ جنازے کے ساتھ ساتھ جاتا ہے، قبر پر جا کر روتا ہے۔ زہر کھا کر خودکشی کرنا چاہتا ہے۔ اسے موت بھی نہیں آئی۔

کردار نگاری کے اعتبار سے اس مثنوی میں محبوبہ (کہ جبین) کو چھوڑ کر کوئی ایسا نہیں جو ذہن پر دیرپا اثر چھوڑ جائے۔ لڑکی جرأت مند ہے، پڑھی لکھی ہے، صاحب ذوق ہے۔ اس کے کردار میں مضبوطی ہے۔ قوت فیصلہ ہے۔ وہ کمسن اور حسین ہے ایک پر درد اور محبت بھرا دل رکھتی ہے جو محبت نباہنا جانتی ہے۔ وہ اظہار عشق میں پہل کرتے ہوئے خط میں حال دل لکھ کر بھیجتی ہے وہ جس طرح سے

اظہار عشق کرتی ہے بالکل فطری ہے۔ اظہار عشق کرتے ہوئے اسے یہ احساس بھی ہے کہ:

سارے الفت نے کھودئے اوسان
ورنہ یہ لکھتی میں خدا کی شان
اب کوئی اس میں کیا ذلیل کرے
جس کو چاہے خدا ذلیل کرے

وہ اپنے آہنی عزم کے ساتھ عاشق سے ملنے بار بار جاتی ہے۔ آخری بار جاتی ہے اور نصیحت ووصیت کرتی ہے تو یہ منظر دل کو چھو جاتا ہے۔ اس منظر کے بارے میں پروفیسر خواجہ احمد فاروقی لکھتے ہیں کہ

"یہ منظر نہایت دل دوز ہے اور اثر انگیزی کے لحاظ سے شاید ہی اس کی کوئی مثال اردو لٹریچر میں مل سکے"۔

ماں باپ کی اکلوتی لڑکی لاڈ پیار میں پرورش پائی ہوئی۔ ماں باپ کی سرزنش کو برداشت نہیں کرپاتی اور موت کا فیصلہ کرلیتی ہے۔ ان ملاقاتوں میں کہیں بھی لڑکی نے اپنے محبوب سے گلہ نہیں کیا ہے۔ اس کی محبت پر اسے یقین کامل ہے اس لئے مرنے سے پہلے موت اور زندگی کے فلسفے پر اظہار خیال کرتی ہے تو اس یقین کے ساتھ جیسے اس کے بعد وہ بھی نہ جی سکے گا۔ اسے بس یہی خیال ہے کہ اس کے رونے دھونے سے کہیں وہ (لڑکی) رسوانہ ہو جائے جو رسوائی سے بچنے کے لئے جان عزیز سے ہاتھ دھو بیٹھتی ہے کہتی ہے:

ذکر سن کر مرا نہ رو دینا

میری عزت نہ یوں ڈبو دینا

ہمارے ہندوستانی معاشرے میں عورت اپنا شریک کسی کو نہیں کر پاتی مگر اس لڑکی کا ظرف ملاحظہ ہو کہتی ہے:

رنج فرقت مرا اٹھا لینا
جی کسی اور سے لگا لینا
ہو گا کچھ مری یاد سے نہ حصول
دل کو کر لینا اور سے مشغول

اس مثنوی کی کردار نگاری کے بعد دوسری اہم خصوصیت جذبات نگاری ہے۔ اس کا اولین نمونہ ہمیں عاشق کے یہاں ملتا ہے جب وہ حُسن کا تیر کھا کر بے حال ہوتا ہے۔ وہ لاکھ بے عمل سہی رو تو سکتا ہے۔ فرط غم سے تڑپ تو سکتا ہے۔ بیٹے کا یہ حال دیکھ کر والدین کا بے چین ہونا، یہ مکالمہ خاصا طویل ہے مگر جذبات نگاری کا اعلا نمونہ ہے۔ ایسا ہی اعلا نمونہ ہمیں اس وقت ملتا ہے جب لڑکی جدائی کی رات شدت جذبات میں عاشق کو نصیحت وصیت کرتی ہے۔

دیکھ لو آج ہم کو جی بھر کے
کوئی آتا نہیں ہے پھر مر کے
ختم ہوتی ہے زندگانی آج
خاک میں ملتی ہے جوانی آج
دل میں لے کر تمہاری یاد چلے
باغ عالم سے نامراد چلے

کہتی ہے بار بار ہمت عشق

ہے یہی مقتضائے عزت عشق

چارپائی یہ کون پڑ کے مارے

کون یوں ایڑیاں رگڑ کے مرے

شوق کے بعض ناقدین اور محققین کا خیال ہے کہ زہر عشق کی مقبولیت اس آخری ملاقات کے منظر کی وجہ سے ہے۔ گیان چند لکھتے ہیں: "ہیروئین نے دنیا کے فانی ہونے پر جو عبرت انگیز تقریر کی ہے اردو مثنویوں میں اس کا جواب نہیں۔ ان اشعار میں وہ ساری کیفیات ہیں جس کی نظیر مشکل ہی سے کسی زبان کے ادب میں ملے گی۔ معصوم آنسوؤں کی بوندیں شعر کے قالب میں ڈھل گئی ہیں۔ زبان و بیان کے اعتبار سے شوق کی یہ مثنوی بے مثال ہے۔ اختصار کے باوجود مکالموں میں بڑی جان ہے۔ مکالمے کچھ طویل ہیں لیکن حسن بیان وار لطف زبان طوالت کو بوجھ نہیں بننے دیتے۔ لکھنؤ کی بیگماتی زبان، ان کے محاورے، ضرب الامثال پر شوق کو بڑی قدرت حاصل ہے۔ بیٹے کا حال زار دیکھ کر ماں کہتی ہیں:

میرے بچے کی جو کڑھائے جان

سات بار اس کو میں کروں قربان

اللہ امیں سے ہم تو یوں پالیں

آپ آفت میں جاں کو یوں ڈالیں

تیرے پیچھے کی تلخ سب اوقات

دن کو دن سمجھی اور نہ رات کو رات

شوق نے جہاں بیگمات کی زبان کی ترجمانی کی ہے، وہیں انہوں نے لکھنؤ کی معاشرت کی بھی ہلکی سی تصویر کشی کی ہے۔ خصوصاً خواتین کے ٹونے رسمیں، مان پان، لباس، وضع قطع کو کامیابی سے پیش کیا ہے مثلاً

مسجدوں میں روشنی کرنا، درگاہوں میں چوکی بھرنا، نظر بد سے بچنے کے لئے دانہ اتارنا، رائی لون نکالنا، جمعرات کو درگاہوں کو جانا، نوچندی کا میلہ، مارے غم کے بال کھلے رکھ کر میت کے ساتھ جانا، تربت پر جاکر قرآن پڑھنا، فاتحہ دینا، مٹی دینا، بن بیاہی لڑکی کے جنازے پر سہرا باندھنا، منت بڑھانا یہ اور ایسی کئی مثالیں مل جاتی ہیں۔

زہر عشق حیرت انگیز اختصار کا نمونہ ہے۔ اس پر بھی ادائے مطلب کا جلوہ دکھاتی ہے۔ خوبی نظم اور عمدگی زبان لائق تحسین ہے۔ سوز و گداز کا مرقع ہے۔ روزمرہ محاورے کا لطف ہے۔ لکھنؤ کی لوچ دار اور مرصع زبان کے شوق نمائندہ شاعر ہیں ۔ سلاست و گھلاوٹ ہے۔ سادگی اور سلاست کا یہ حال ہے کہ بعض مصرعے اور اشعار ضرب المثل کا درجہ رکھتے ہیں مثلاً:

فرط غم سے نکل پڑے آنسو

جس کو چاہے خدا ذلیل کرے

غم اٹھانے کی اب نہیں طاقت

تاڑ جاتے ہیں تاڑنے والے

جائے عبرت سرائے فانی ہے

مورد مرگ ناگہانی ہے

اب نہ رستم نہ سام باقی ہے
اک فقط نام ہی نام باقی ہے
تھے جو مشہور قیصر و مغفور
باقی ان کے نہیں نشان قبور
ہر گھڑی منقلب زمانہ ہے
یہی دنیا کا کارخانہ ہے
موت سے کس کو رستگاری ہے
آج وہ کل ہماری باری ہے
عمر بھر کون کس کو روتا ہے
کون صاحب کسی کا ہوتا ہے

زہر عشق صرف حُسن بیان کا مرقع ہی نہیں انسان کا کلام ہے۔ اس میں کچھ کوتاہیاں اور کمزوریاں بھی ہیں۔ اس کے حُسن کا نقش اتنا گہرا ہے کہ خامیوں کی طرف نظر نہیں جاتی۔ الفاظ میں ترنم اور بیان کے اثر نے ایسا جادو کر دیا ہے کہ خامیاں نظر ہی نہیں آتیں۔ مثلاً یہ کہ انہوں نے ایک دو جگہ قافیہ کا التزام نہیں کیا۔ مثلاً یہ شعر

خاک میں ملتی ہے یہ صورت عیش
پھر کہاں ہم کہاں یہ صورت عیش

یہ "صورت عیش" ردیف ہے تو قافیہ نہیں ملتا۔ جذبات نگاری میں ایک شریف لڑکی کو بازاری عورتوں کا مقام دے دیا۔ اشراف کی لڑکی کی زبان سے ایسے

الفاظ کہلوا دیے جو شرفا میں کم سن لڑکیوں کی زبان پر تو آہی نہیں سکتے۔ واقعہ نگاری میں صرف لڑکی کے جنازے کا منظر ہے۔ دو تین جگہ ہی مکالمے ہیں تو یہ بھی طویل۔ یہ وہ خامیاں ہیں جن کی طرف خاص طور پر انگلی نہ اٹھائی جائے تو بہت کم کسی کی نظر جاتی ہے۔ دراصل مثنوی کے حُسن نے معائب کی پردہ داری کی ہے یہی اس مثنوی کا جادو ہے۔

یہ ایک معنوی حقیقت ہے کہ ہر تخلیق کار اپنے حالات زمانہ اور ماحول کا پروردہ ہوتا ہے۔ ایک شاعر کے ساتھ بھی اس کی اپنی افتاد طبع، شخصی تجربات، محسوسات اور مشاہدات کی ایک دنیا ہوتی ہے۔ اسی سے وہ اپنا ایوان سخن تعمیر کرتا ہے۔

جس زمانے میں شوق نے آنکھ کھولی وہ زمانہ لکھنؤ میں سکون و آشتی کا زمانہ تھا۔ بادشاہ شاعروں کی سرپرستی کرتے تھے۔ انعام و اکرام سے نوازتے تھے۔ 1783 میں شوق آصف الدولہ کے زمانے میں پیدا ہوئے واجد علی شاہ کو لٹ لٹا کر مٹیا برج جاتے دیکھا۔ ان کی طبیعت میں بلا کی جولانی تھی۔ اپنے حُسن مزاج سے ہم عصروں میں بہت مقبول تھے، شاعری کا ذوق تھا مگر دیر میں نام کمایا، آتش کے شاگرد تھے۔ کچھ غزلیں واسوخت اور تین مثنویاں فریب عشق، بہار عشق اور زہر عشق لکھیں۔ ان تینوں میں زہر عشق کو ادبی اعتبار سے اہم مقام حاصل ہے۔ شوق کی غزلوں کے صرف 61 اشعار ملتے ہیں جن سے ان کے عہد اور مزاج سخن کی عکاسی ہوتی ہے۔ شوق نے صرف ایک واسوخت لکھی۔ شوق نے اپنی غزلوں میں محبوب کے اتنے ناز نہیں اٹھائے جتنی جلی کٹی اپنے واسوخت میں اس کے لئے لکھی ہے۔ واسوخت میں

شوق کا رنگ خاصا نکھرا ہوا ہے۔ فریب عشق شوق کی سب سے پہلی مثنوی ہے، جو گلزار نسیم کے ٹھیک آٹھ سال بعد لکھی گئی ہے۔ اس مثنوی میں لکھنؤ کی روز مرہ زندگی کا ایک تاریک پہلو بڑے رنگین انداز میں پیش کیا ہے۔ مقصد اصلاحی ہے۔ "بہار عشق" شوق کی دوسری مثنوی ہے۔ 1847ء میں منظر عام پر آئی۔ شوق کے بعض نقادوں نے لکھا ہے کہ زبان محاورے اور روز مرہ کے حساب سے اس مثنوی کی بڑی اہمیت ہے۔ مثنوی زہر عشق شوق کی معرکۃ الآرا مثنوی ہے جسے اردو کی چند اہم مثنویوں کے ساتھ رکھا جا سکتا ہے۔ اس کی تعریف اور تنقیص میں بہت کچھ لکھا جا چکا ہے۔ اس کے باوجود متفقہ رائے ہے کہ یہ اردو کی ایک اہم مثنوی ہے جسے سحر البیان اور گلزار نسیم کے ساتھ رکھا جا سکتا ہے۔

* * *